Impressum
Verlag: BABADADA GmbH, Nedderfeld 112 , 22529 Hamburg
Geschäftsführer / Verlagsleitung: Harald Hof
Druck: Books on Demand GmbH, In de Tarpen 42, 22848 Norderstedt

Imprint
Publisher: BABADADA GmbH, Nedderfeld 112 , 22529 Hamburg, Germany
Managing Director / Publishing direction: Harald Hof
Print: Books on Demand GmbH, In de Tarpen 42, 22848 Norderstedt, Germany

sekolah

школа

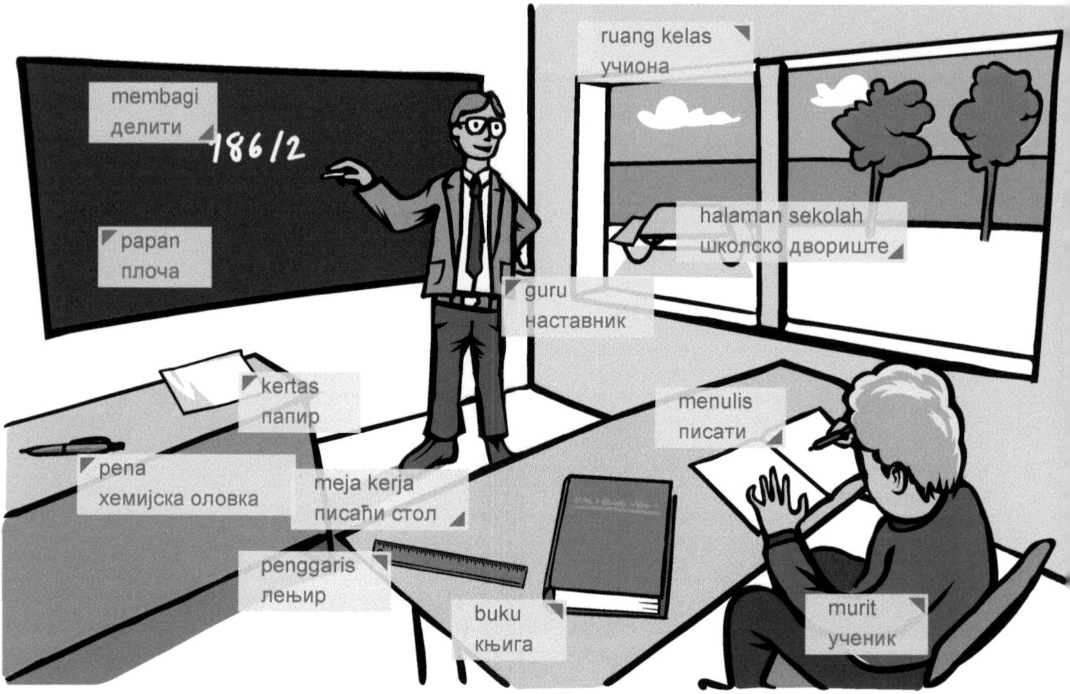
ruang kelas
учиона
membagi
делити
186/2
papan
плоча
halaman sekolah
школско двориште
guru
наставник
kertas
папир
menulis
писати
pena
хемијска оловка
meja kerja
писаћи стол
penggaris
лењир
buku
књига
murit
ученик

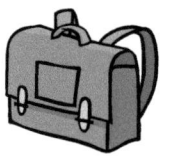

tas sekolah

торба

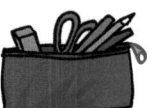

tempat pensil

перница

pensil

графитна оловка

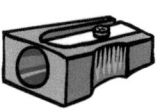

pengasah pensil

шиљило за оловке

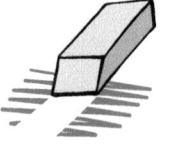

penghapus

гумица за брисање

kertas gambar

блок за цртање

gambar

цртеж

kuas

кист

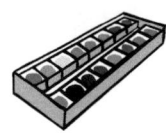

kotak cat

кутија са бојама

gunting

маказе

lem

лепило

buku latihan

бележница

pekerjaan rumah

домаћи задатак

angka

број

tambhakan

сабирати

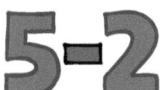

mengurangi

одузимати

mengalikan

множити

menghitung

рачунати

huruf

слово

alfabet

абецеда

kata

реч

teks

текст

membaca

читати

kapur

креда

pelajaran

час

daftar

дневник

ujian

испит

sertifikat

сведочанство

seragam sekolah

школска униформа

pendidikan

образовање

ensiklopedi

лексикон

universitas

универзитет

mikroskop

микроскоп

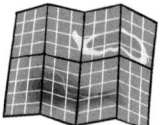

peta

карта

tempat sampah

кошара за папир

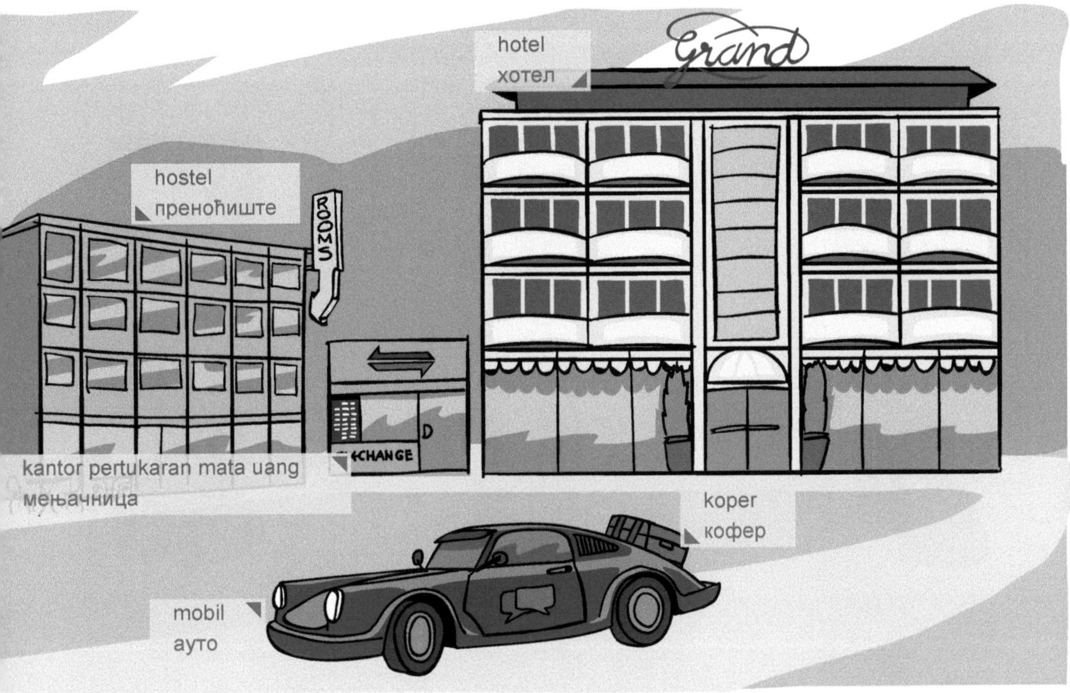

hotel
хотел
Grand
hostel
преноћиште
ROOMS
kantor pertukaran mata uang
мењачница
koper
кофер
mobil
ауто

bahasa

језик

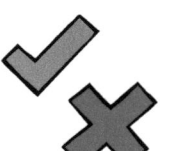

ya / tidak

да / не

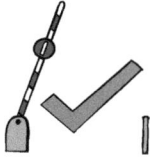

okay

океј

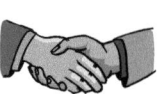

hallo

здраво

penerjemah

преводилац

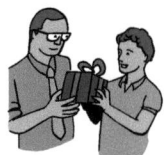

terima kasih

хвала

Berapa harganya…?

Колико кошта…?

saya tidak mengerti

не разумем

masalah

проблем

Selamat malam!

добро вече!

Selamat siang!

Добро јутро!

Selamat tidur!

Лаку ноћ!

sampai jumpa

довиђења

arah

смер

bagasi

пртљага

tas

торба

ransel

руксак

tamu

гост

ruang

соба

kantong tidur

врећа за спавање

tenda

шатор

informasi wisata

туристичке информације

pantai

плажа

kartu kredit

кредитна картица

sarapan

доручак

makan siang

ручак

makan malam

вечера

tiket

карта за вожњу

elevator

лифт

perangko

поштанска маркица

perbatasan

граница

cukai

царина

kedutaan

амбасада

visa

виза

paspor

пасош

transportasi

транспорт

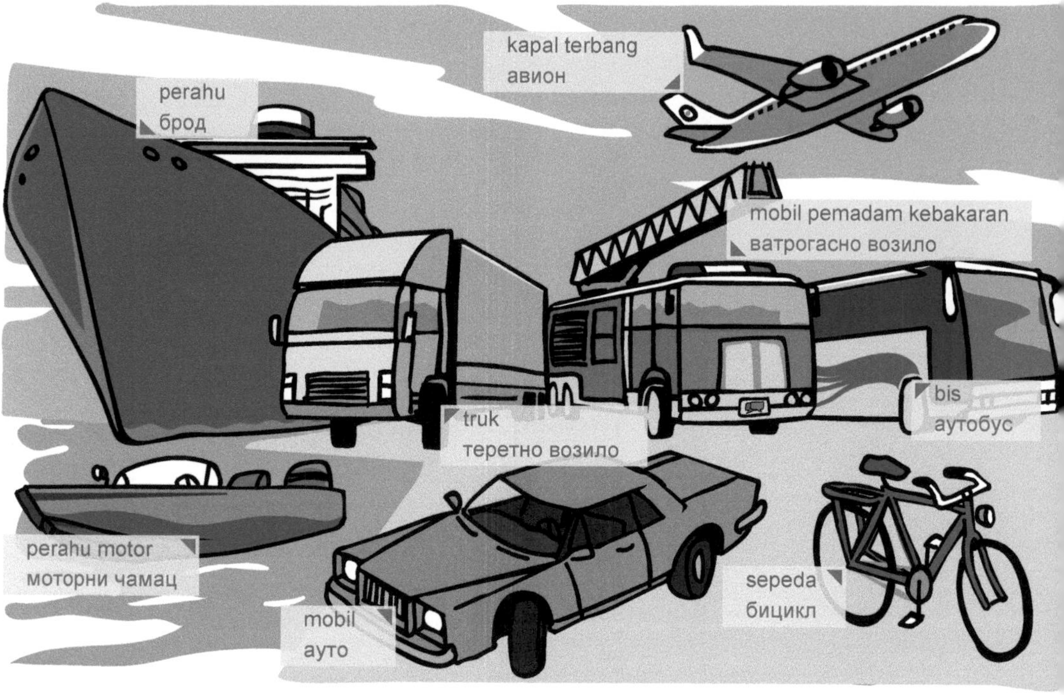
kapal terbang
авион
perahu
брод
mobil pemadam kebakaran
ватрогасно возило
bis
аутобус
truk
теретно возило
perahu motor
моторни чамац
sepeda
бицикл
mobil
ауто

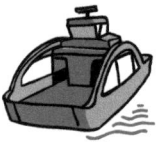

feri

трајект

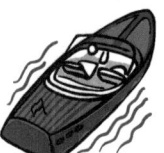

perahu

чамац

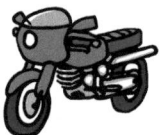

sepeda motor

мотоцикл

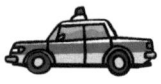

mobil polisi

полицијски ауто

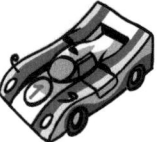

mobil balapan

тркаћи ауто

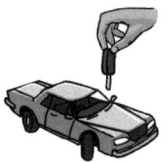

mobil sewa

изнајмљено ауто

berbagi mobil

дељење аутомобила

truk derek

вучно возило

truk sampah

возило за одвоз смећа

motor

мотор

bahan bakar

бензин

bensin

бензинска станица

tanda lalulintas

саобраћајни знак

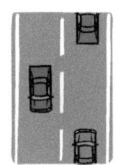

lalulintas

саобраћај

macet

застој

parkir mobil

паркиралиште

stasiun kereta

железничка станица

trek

шине

kereta api

воз

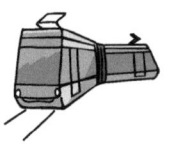

tram

трамвај

gerobak

вагон

helikopter

хеликоптер

bendara

аеродром

menara

кула

penumpang

путник

container

контејнер

karton

картон

troli

колица

keranjang

корпа

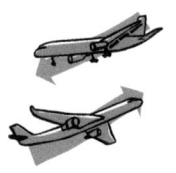

berangkat / mendarat

узлетети / слетети

kota

град

desa

село

pusat kota

центар града

rumah

кућа

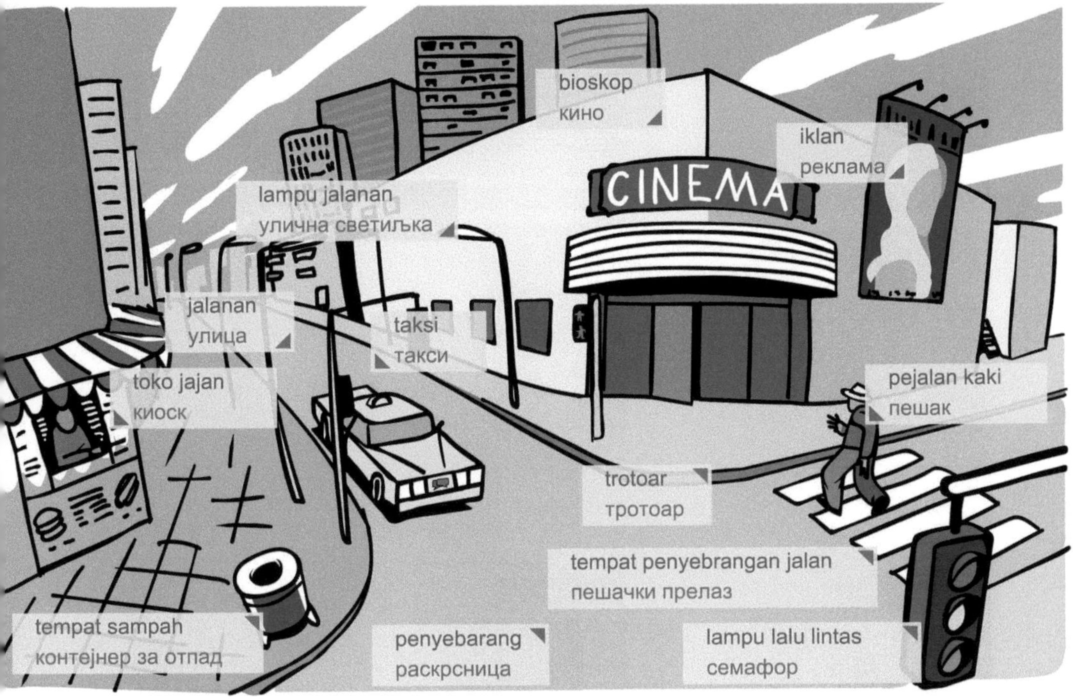

bioskop
кино

iklan
реклама

lampu jalanan
улична светиљка

jalanan
улица

taksi
такси

toko jajan
киоск

pejalan kaki
пешак

trotoar
тротоар

tempat penyebrangan jalan
пешачки прелаз

tempat sampah
контејнер за отпад

penyebarang
раскрсница

lampu lalu lintas
семафор

gubuk

колиба

rumah flat

стан

stasiun kereta

железничка станица

balai kota

већница

museum

музеј

sekolah

школа

kota - град

universitas

универзитет

bank

банка

rumah sakit

болница

hotel

хотел

farmasi

апотека

kantor

канцеларија

toko buku

књижара

toko

продавница

toko bunga

цвећара

supermarket

супермаркет

pasar

трг

toko serba ada

робна кућа

nelayan

рибарница

pusat belanja

трговачки центар

pelabuhan

лука

taman

парк

banku

клупа

jembatan

мост

tangga

степенице

kereta bawah tanah

подземна железница

terowongan

тунел

pemberhantian bis

аутобуска станица

bar

бар

restauran

ресторан

kotak surat

поштанско сандуче

tanda jalan

улични знак

meteran parkir

паркирни аутомат

kebun binatang

зоолошки врт

kolam renang

базен

mesjid

џамија

pertanian

сеоско газдинство

polusi

загађење околине

kuburan

гробље

gereja

црква

tempat bermain

игралиште

pura

храм

pemandangan
пејсаж

daun
лист

penunjuk arah
путоказ

jalanan
пут

padang rumput
ливада

batu
камен

pohon
дрво

pejalak kaki
шетач

sungai
река

rumput
трава

bunga
цвет

lembah
долина

bukit
планина

danau
језеро

hutan
шума

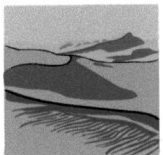

padang gurun
пустиња

gunung berapi
вулкан

istana
дворац

pelangi
дуга

jamur
гљива

pohon palem
палма

nyamuk
москито

lalat
мува

semut
мрав

lebah
пчела

laba-laba
паук

kumbang

буба

kodok

жаба

tupai

веверица

landak

јеж

kelinci

зец

burung hantu

сова

burung

птица

angsa

лабуд

babi jantan

дивља свиња

rusa

јелен

rusa

лос

bendungan

насип

turbin angin

ветрењача

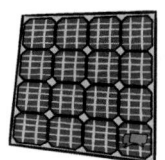

panel surya

соларна плоча

iklim

клима

restauran
ресторан

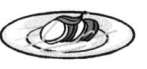

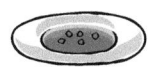

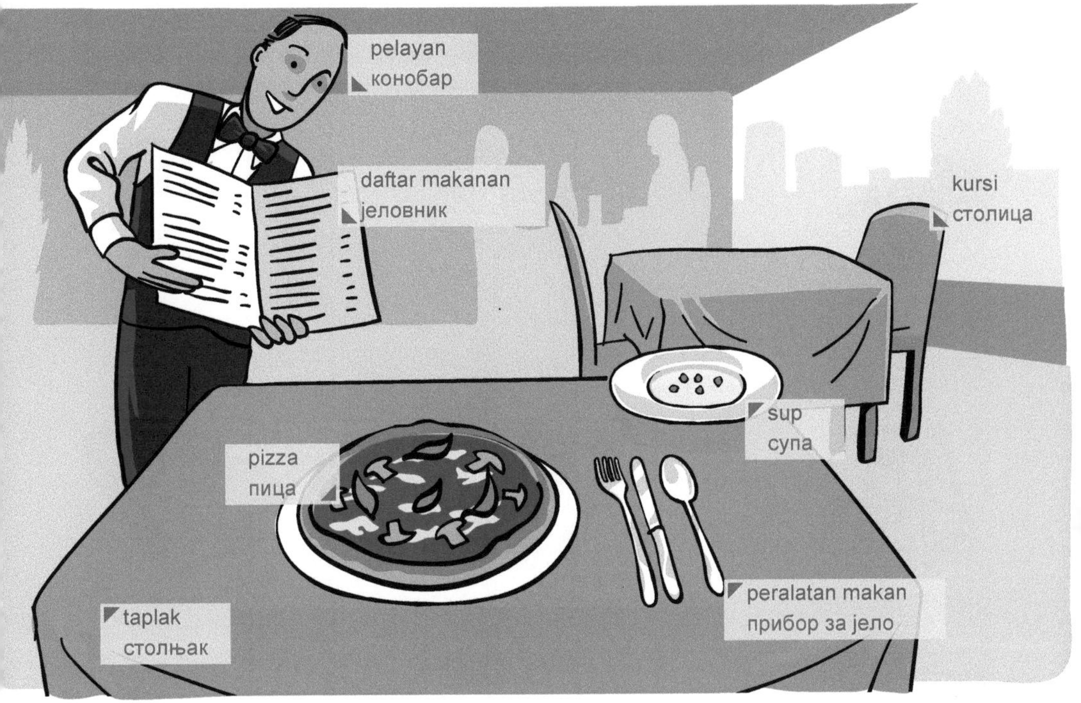
pelayan
конобар
daftar makanan
јеловник
kursi
столица
sup
супа
pizza
пица
peralatan makan
прибор за јело
taplak
стољњак

hindangan pembuka

предјело

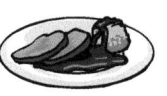

hidangan utama

главно јело

hidangan penutup

десерт

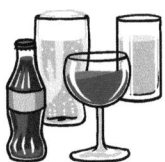

minuman

напитци

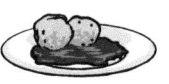

makanan

јело

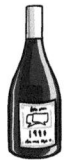

botol

флаша

fastfood

брза храна

masakan jalanan

имбис храна

teko teh

чајник

kaleng gula

доза за шећер

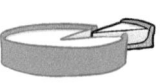

porsi

порција

mesin espresso

апарат за еспресо

kursi tinggi

висока столица

tagihan

рачун

baki

послужавник

pisau

нож

garpu

виљушка

sendok

кашика

sendok teh

чајна кашика

serbet

салвета

gelas

чаша

restauran - ресторан

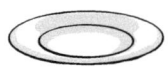

piring

тањир

piring sup

тањир за супу

lepek

тањирић

saus

сос

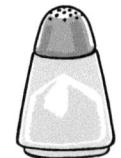

tempat garam

сољенка

gilingan merica

млин за бибер

cuka

сирће

minyak

уље

bumbu

зачини

saus tomat

кечап

mustar

сенф

mayones

мајонеза

supermarket

супермаркет

penawaran khusus
понуда
FOR
klien
купац
produk susu
млечни производи
buah
воће
troli
колица за куповину

BUTCHERS

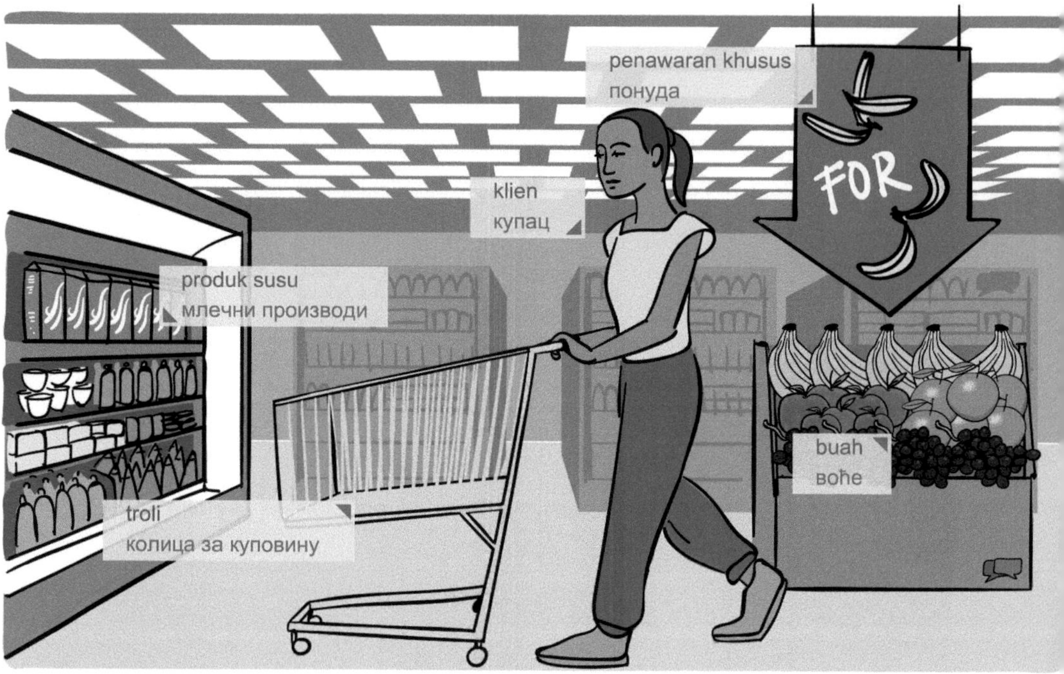

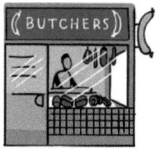

pembantai

месница

BAKERY

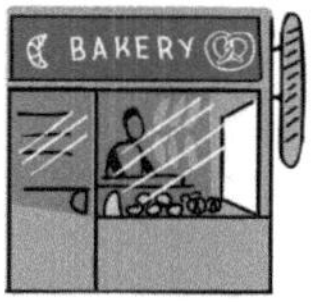

toko roti

пекара

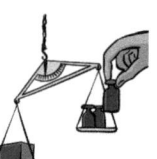

menimbang

вагати

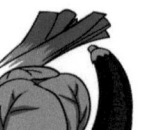

sayur

поврће

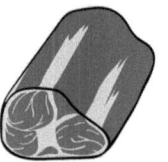

daging

месо

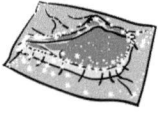

makanan beku

смрзнута храна

pemotongan dingin

нарезак

makanan kaleng

конзерве

sabun serbuk

средство за прање

permen

слаткиши

alat-alat rumah tangga

артикли за домаћинство

obat pembersihan

средства за чишћење

penjual

продавачица

kasa

благајна

kasir

благајник

daftar belanja

листа за куповину

jam buka

време рада

dompet

новчаник

kartu kredit

кредитна картица

tas

торба

kantong plastik

пластична кеса

air

вода

jus

сок

susu

млеко

cola

кола

anggur

вино

bir

пиво

alkohol

алкохол

coklat

какао

teh

чај

kopi

кава

espresso

еспресо

cappucino

капучино

pisang

банана

apel

јабука

jeruk

наранџа

semangka

лубеница

jeruk lemon

лимун

wortel

шаргарепа

bawang putih

бели лук

bambu

бамбус

bawang bombai

лук

jamur

гљива

kacang

орашасти плодови

mi

резанци

spagetti

шпагете

nasi

рижа

salat

салата

kentang goreng

помфрит

kentang goreng

печени крумпир

pizza

пица

hamburger

хамбургер

sandwich

сендвич

sayatan

шницла

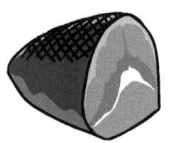

ham

шунка

salami

салама

sosis

кобасица

ayam

кокош

menggoreng

печење

ikan

риба

bubur gandum

зобене пахуљице

sereal

мусли

cornflakes

кукурузне пахуљице

tepung

брашно

croissant

кроасан

roti

пециво

roti

хлеб

toast

тоаст

biskuit

кекси

mentega

маслац

dadih

свежи сир

kue

колач

telur

jaje

telur goreng

jaje на око

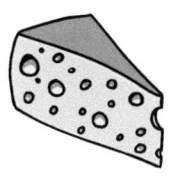

keju

сир

eskrim

сладолед

gula

шећер

madu

мед

selai

мармелада

krim nugat

нугат крема

kare

кари

pertanian

сеоско газдинство

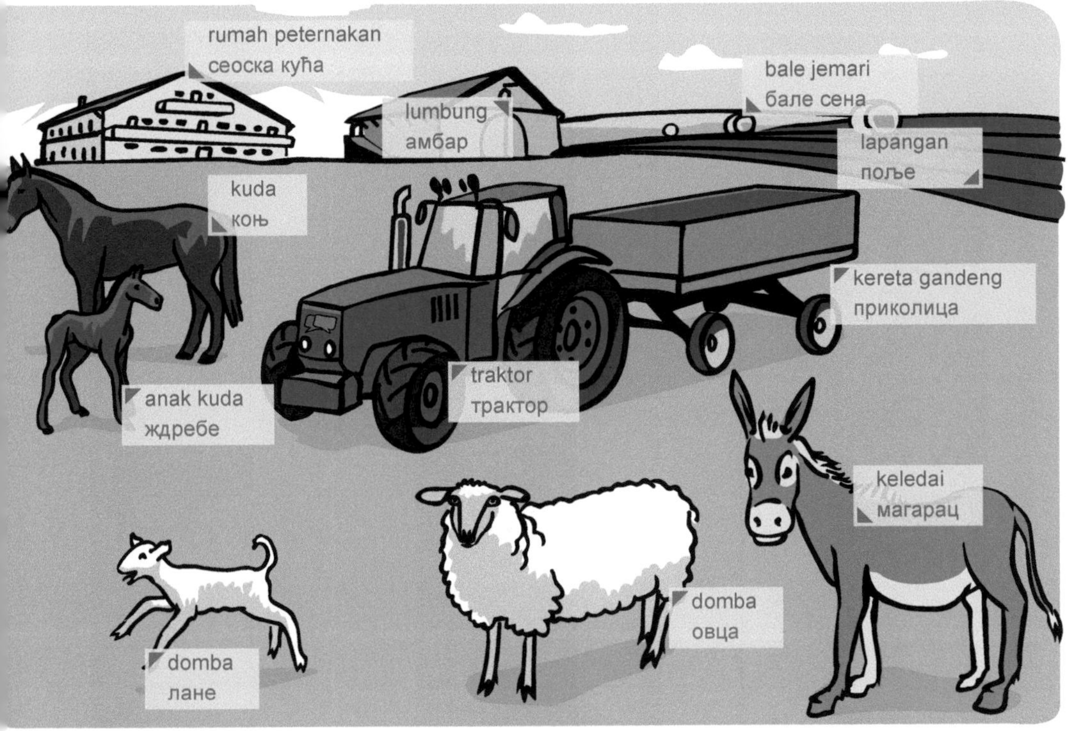
rumah peternakan
сеоска кућа
lumbung
амбар
bale jemari
бале сена
lapangan
поље
kuda
коњ
kereta gandeng
приколица
anak kuda
ждребе
traktor
трактор
keledai
магарац
domba
овца
domba
лане

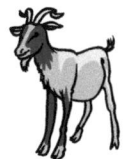

kambing

коза

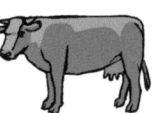

sapi

крава

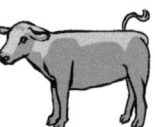

betis

теле

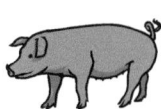

babi

свиња

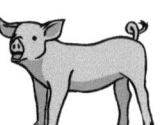

celeng

прасе

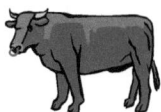

banteng

бик

angsa

гуска

bebek

патка

anak ayam

пилићи

ayam

кокош

ayam jantan

петао

tikus

пацов

kucing

мачка

tikus

миш

lembu

вол

anjing

пас

rumah anjing

кућица за пса

selang

вртно црево

penyiram

канта за поливање

sabit

коса

bajak

плуг

sabit

срп

cangkul

мотика

garpu rumput

виљушка за ђубриво

kapak

секира

gerobak

тачке

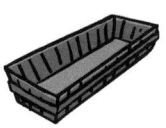

palung

корито

kaleng susu

посуда за млеко

karung

врећа

pagar

ограда

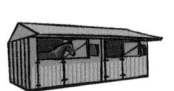

kandang

штала

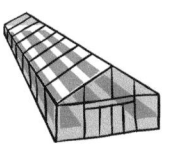

rumah kaca

стакленик

tanah

земља

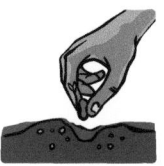

benih

семе

pupuk

ђубриво

mesin pemanen

комбајн

panen

жети

panen

жетва

yams

јамс зачин

gandum

пшеница

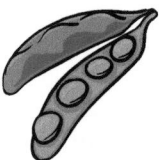

kedelai

соја

kentang

крумпир

jagung

кукуруз

lobak

уљана репица

pohon buah

воћка

singkong

гомољ маниоке

sereal

житарице

rumah

кућа

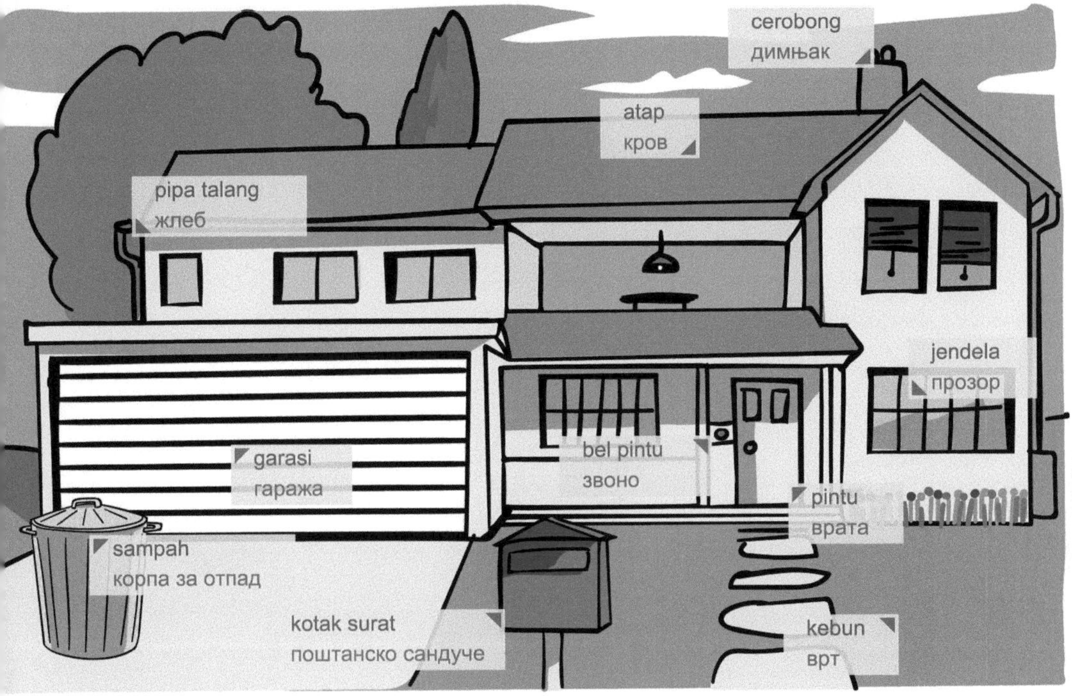
cerobong
димњак
atap
кров
pipa talang
жлеб
jendela
прозор
garasi
гаража
bel pintu
звоно
pintu
врата
sampah
корпа за отпад
kotak surat
поштанско сандуче
kebun
врт

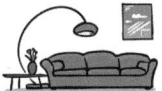

ruang tamu

дневна соба

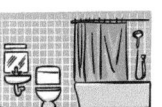

kamar mandi

купаоница

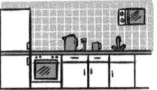

dapur

кухиња

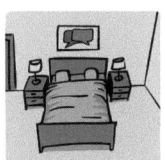

kamar tidur

спаваћа соба

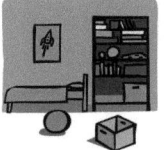

kamar anak

дечија соба

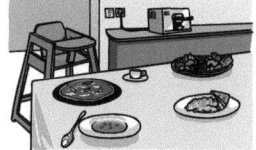

kamar makan

трпезарија

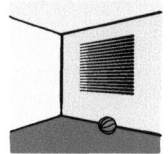

lantai

под

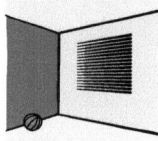

tembok

зид

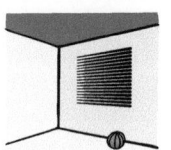

atap

строп

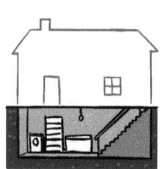

gudang di bawah tanah

подрум

sauna

сауна

balkon

балкон

teras

тераса

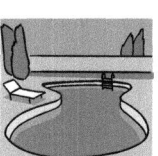

kolam renang

базен

mesin pemotong rumput

косилица за траву

sprei

постељина за кревет

selimut

дека за кревет

tempat tidur

кревет

sapu

метла

ember

канта

tombol

прекидач

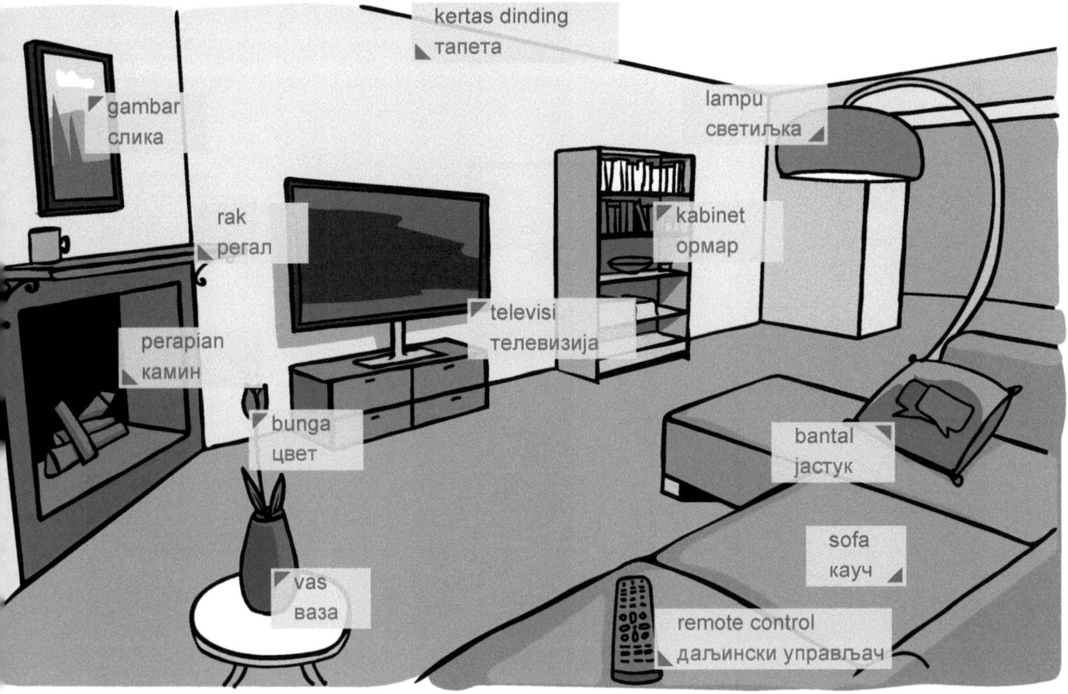

kertas dinding
тапета

gambar
слика

lampu
светиљка

rak
регал

kabinet
ормар

perapian
камин

televisi
телевизија

bunga
цвет

bantal
јастук

sofa
кауч

vas
ваза

remote control
даљински управљач

karpet

тепих

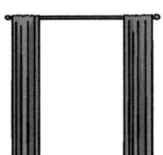

korden

завеса

meja

сто

kursi

столица

kursi goyang

столица за њихање

kursi malas

фотеља

buku

књига

selimut

дека

dekorasi

декорација

kayu bakar

дрво за огрев

filem

филм

hi-fi

хи-фи уређај

kunci

кључ

koran

новине

lukisan

слика на платну

poster

постер

radio

радио

buku tulis

блок за писање

penyedot debu

усисивач

kaktus

кактус

lilin

свећа

dapur
кухиња

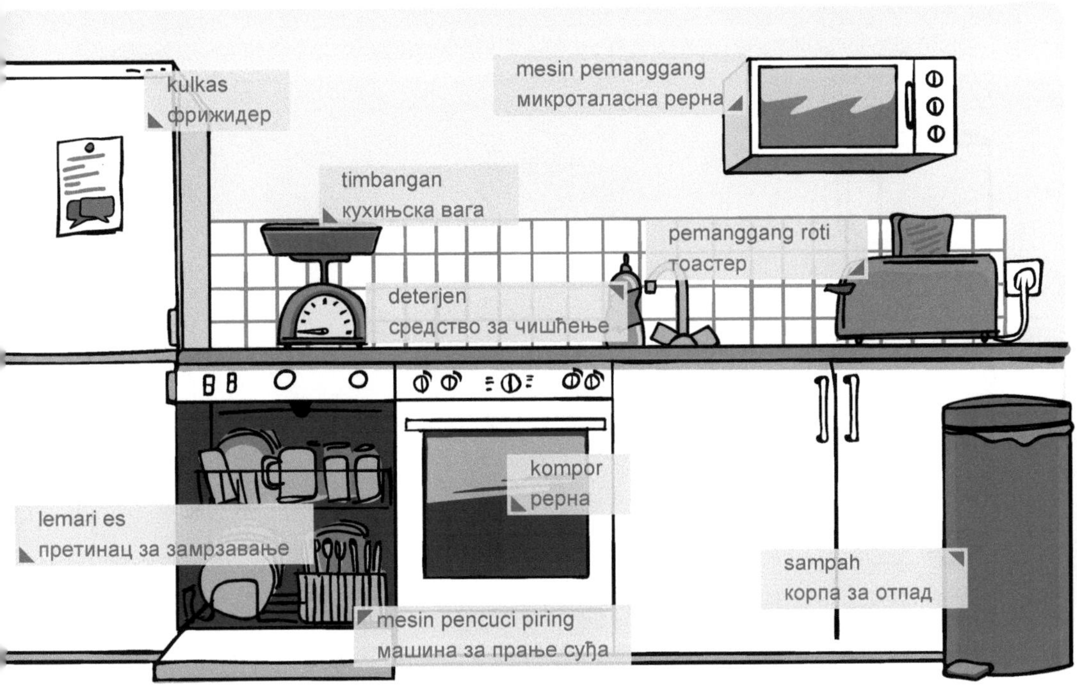

kulkas
фрижидер
mesin pemanggang
микроталасна рерна
timbangan
кухињска вага
pemanggang roti
тоастер
deterjen
средство за чишћење
kompor
рерна
lemari es
претинац за замрзавање
sampah
корпа за отпад
mesin pencuci piring
машина за прање суђа

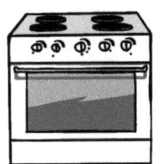

kompor
шпорет

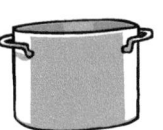

panci
лонац

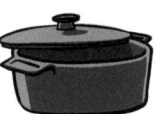

panci besi
гвоздени лонац

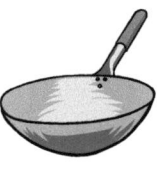

wajan
вок / кадаи

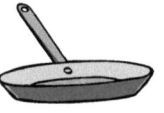

panci
тава

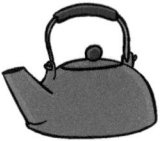

pemanas air
кувало за воду

panci pengukus makanan

кувало на пару

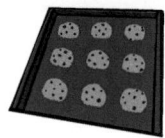

nampan

лим за печење

piring

посуђе

cangkir

чаша

mangkok

посуда

sumpit

штапићи за јело

sendok sup

кутлача

sudip

лопатица

mengocok

пењача

saringan

сито за кување

saringan

сито

parutan

рибеж

mortir

мужар

barbeque

роштиљ

api terbuka

огњиште

papan memotong

даска

gilingan

оклагија

alat pembuka botol

вадичеп

kaleng

конзерва

pembuka kaleng

отварач конзерви

pegangan panci

крпа за лонац

wastafel

судопер

sikat

четка

busa

сунђер

mesin pencampur

миксер

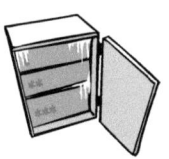

lemari es

замрзивач

botol bayi

флашица за бебе

keran

славина за воду

kamar mandi

купаоница

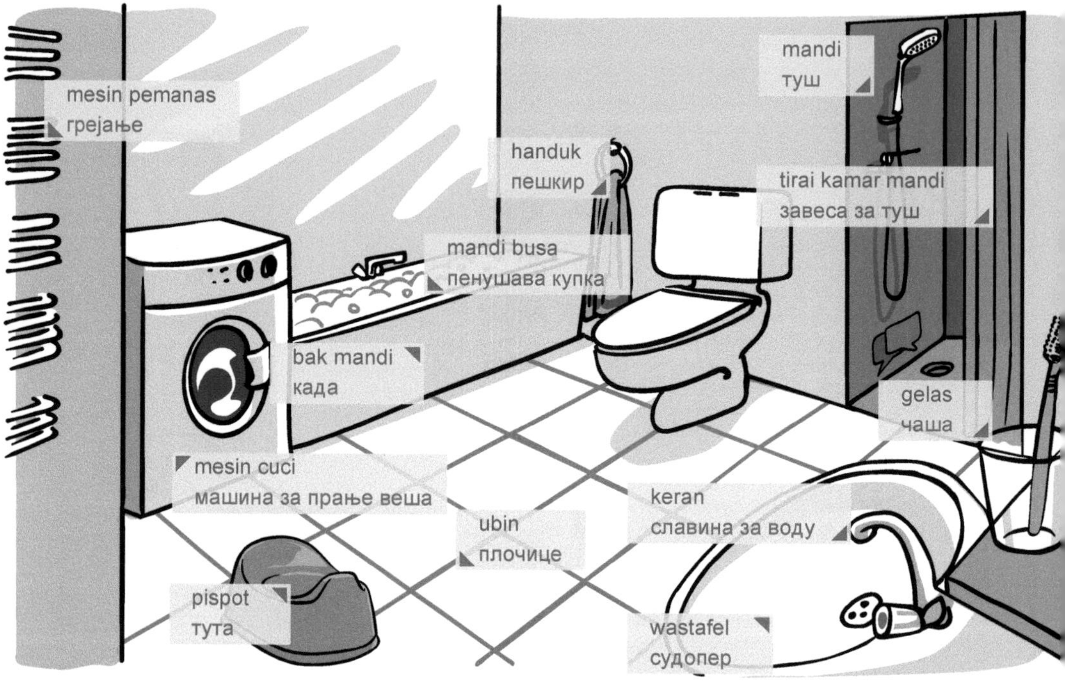
mesin pemanas
грејање
mandi
туш
handuk
пешкир
tirai kamar mandi
завеса за туш
mandi busa
пенушава купка
bak mandi
када
gelas
чаша
mesin cuci
машина за прање веша
keran
славина за воду
ubin
плочице
pispot
тута
wastafel
судопер

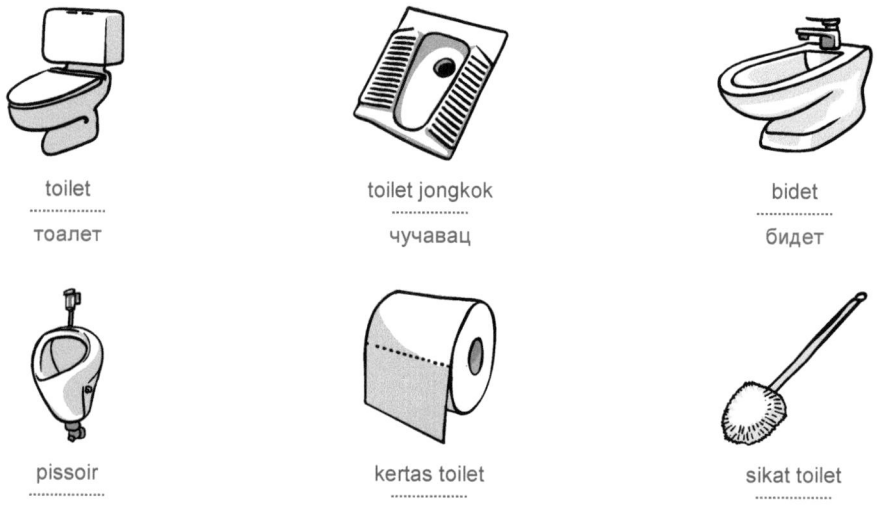

toilet

тоалет

toilet jongkok

чучавац

bidet

бидет

pissoir

писоар

kertas toilet

тоалетни папир

sikat toilet

четка за тоалет

sikat gigi

четкица за зубе

pasta gigi

паста за зубе

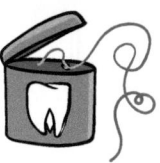

benang gigi

конац за зубе

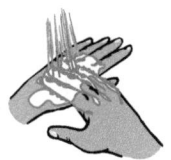

menyuci

прати

pancuran tangan

туш ручица

pancuran

туш за прање интимних делова

bak

лавор

sikat punggung

четка за прање леђа

sabun

сапун

gel mandi

гел за тушитрање

sampo

шампон

planel

крпа за прање

kuras

одвод

krim

крема

deodoran

дезодоранс

kaca

огледало

cermin tangan

козметичко огледало

pisau cukur

бријач

busa cukur

пена за бријање

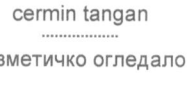

aftershave

лосион за после бријања

sisir

чешаљ

sikat

четка

alat pengering rambut

фен за косу

semprot rambut

спреј за косу

makeup

шминка

lipstik

руж за усне

cat kuku

лак за нокте

kapas

вата

gunting kuku

маказе за нокте

minyak wangi

парфем

kantong pencuci

козметичка торбица

bangku

столица

timbangan

вага

mantel mandi

огртач

sarung tangan karet

рукавице за чишћење

tampon

тампон

handuk pembalut

уложак

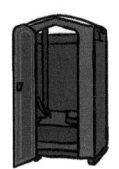

toilet kimia

хемијски тоалет

kamar anak

дечија соба

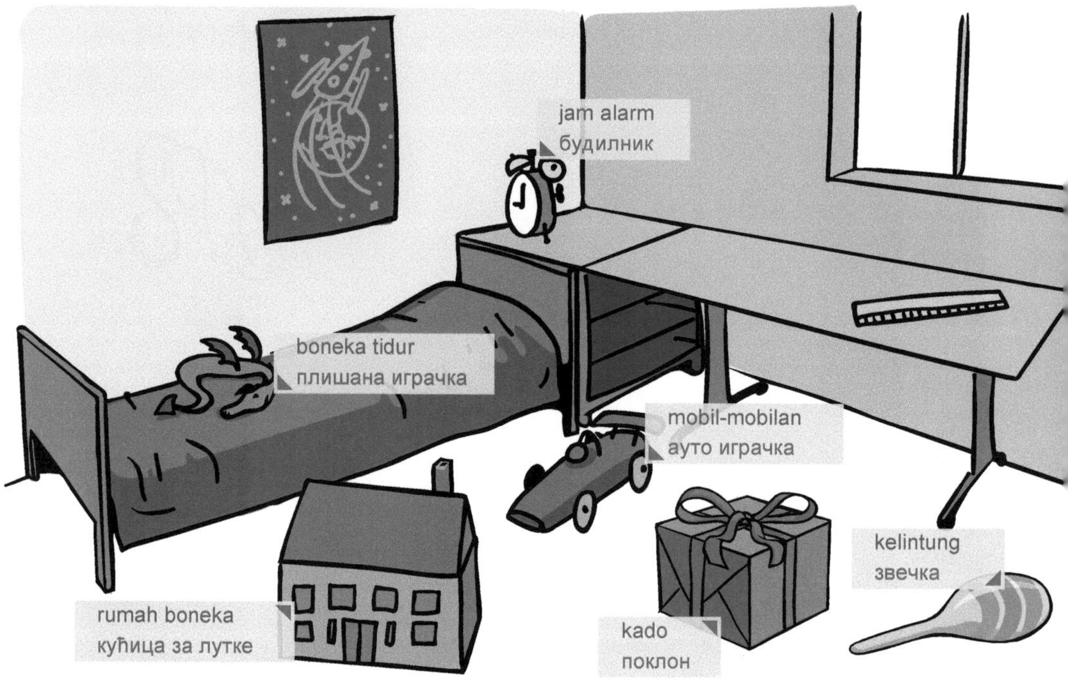
jam alarm
будилник
boneka tidur
плишана играчка
mobil-mobilan
ауто играчка
kelintung
звечка
rumah boneka
кућица за лутке
kado
поклон

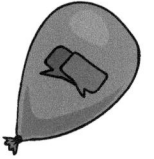

balon

балон

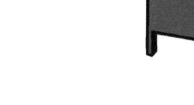

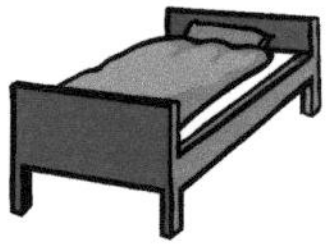

tempat tidur

кревет

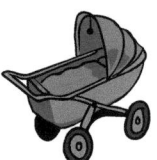

kereta bayi

дјечија колица

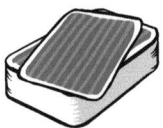

mainan kartu

игра са картама

teka-teki

слагалица

SUPER
MEGA

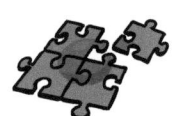

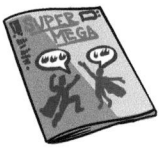

komik

стрип

mainan lego

лего коцкице

blok mainan

коцкице за слагање

figur aksi

акциони јунак

baju monyet

бенкица за бебе

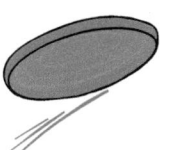

frisbee

фризби

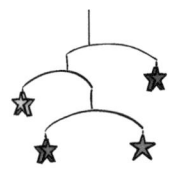

mobile

висеће играчке

permainan papan

друштвене игре

dadu

коцка

set model kreta api

минијатурна жељезница

dot

дуда

pesta

забава

buku gambar

сликовница

bola

лопта

boneka

лутка

bermain

играти

tempat main pasir

пешчаник

ayunan

љуљачка

mainan

играчка

video game konsol

конзола за игре

sepeda roda tiga

трицикл

teddy

теди

lemari pakaian

ормар

pakaian

одећа

kaos kaki

кратке чарапе

kaos kaki

чарапе

baju ketat

хулахопке

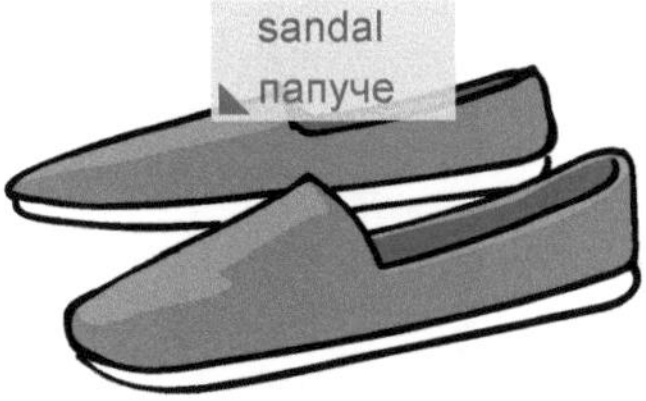

syal
шал

payung
кишобран

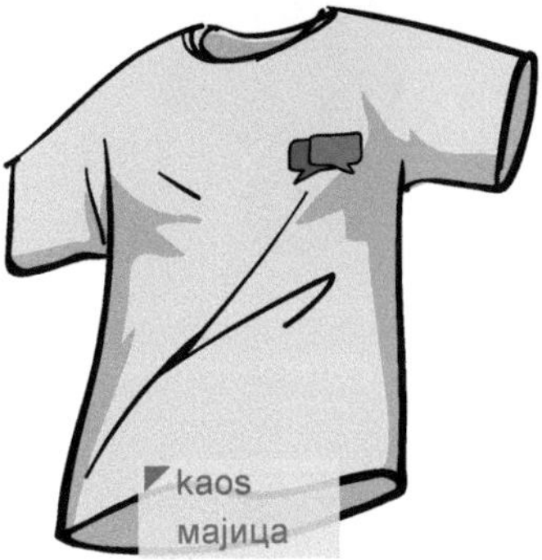

kaos
мајица

sabuk
каиш

sepatu bot
чизме

sandal
папуче

sepatu
патике

sandal
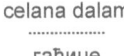
сандале

sepatu

ципеле

sepatu bot karet

гумене чизме

celana dalam
гаћице

BH
грудњак

baju rompi
поткошуља

body
боди

celana
панталоне

jeans
фармерке

rok
сукња

blus
блуза

kemeja
кошуља

aket berkerudung
џемпер

sweater
џемпер с капуљачом

jaket
сако

jaket
јакна

mantel
мантил

jas hujan
кабаница

kostum
костим

gaun
хаљина

gaun pengantin
венчаница

setelan resmi

одело

gaun tidur

спаваћица

piyama

пиџама

sari

сари

jilbab

марама за главу

turban

турбан

burka

бурка

kaftan

кафтан

abaya

абаја

pakaian renang

купаћи костим

celana renang

купаће гаћице

celana pendek

кратке панталоне

olah raga

одећа за тренинг

celemek

кецеља

sarung tangan

рукавице

kancing

дугме

kacamata

наочаре

gelang

наруквица

kalung

огрлица

cincin

прстен

anting

наушница

topi

капа

gantungan mantel

вешалица

topi

шешир

dasi

кравата

ritsleting

патент затварач

helm

кацига

tali selempang

нараменице

seragam sekolah

школска униформа

seragam

униформа

oto

подбрадак

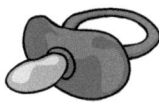

dot

дуда

popok

пелена

kantor

канцеларија

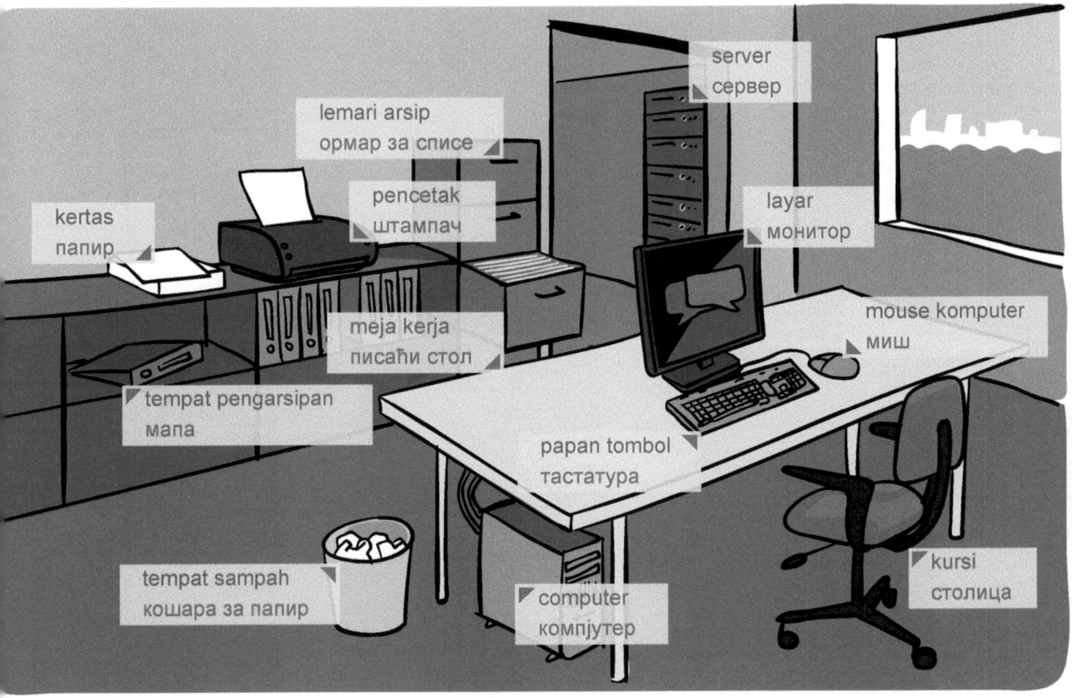

server
сервер

lemari arsip
ормар за списе

pencetak
штампач

kertas
папир

layar
монитор

meja kerja
писаћи сто

mouse komputer
миш

tempat pengarsipan
мапа

papan tombol
тастатура

tempat sampah
кошара за папир

computer
компјутер

kursi
столица

cangkir kopi

шалица за каву

kalkulator

калкулатор

internet

интернет

laptop

лаптоп

surat

писмо

pesan

порука

telepon seluler

мобилни телефон

jaringan

мрежа

fotokopi

уређај за копирање

software

софтвер

telepon

телефон

plug soket

утичница

mesin fax

факс

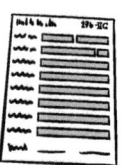

formulir

формулар

dokumen

документ

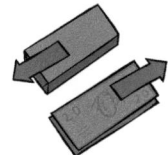

membeli

куповати

membayar

платити

berdagang

трговати

uang

новац

Dollar

долар

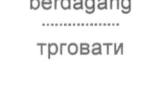

Euro

евро

Yen

јен

Rubel

рубља

Franc Swiss

швајцарски франак

Renminbi Yuan

ренминдби јуан

Rupiah

рупија

ATM

аутомат за новац

kantor pertukaran mata uang

мењачница

emas

злато

perak

сребро

minyak

нафта

energi

енергија

harga

цена

kontrak

уговор

pajak

порез

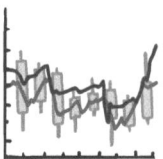

saham

деонице

bekerja

радити

karyawan

службеник

majikan

послодавац

pabrik

фабрика

toko

продавница

pekerjaan
занимања

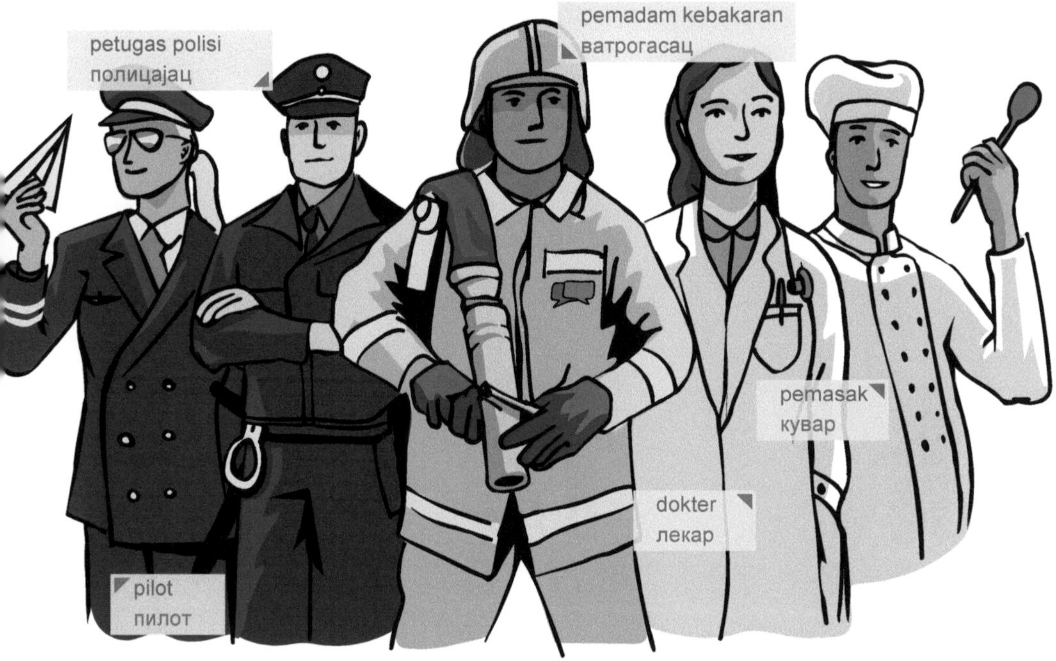

petugas polisi
полицајац
pemadam kebakaran
ватрогасац
pemasak
кувар
dokter
лекар
pilot
пилот

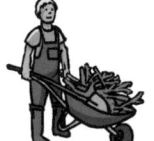

tukan kebun

вртлар

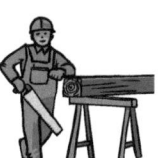

tukang kayu

столар

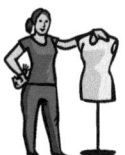

penjahit wanita

кројачица

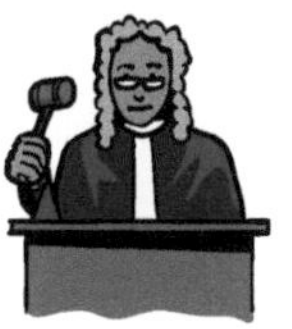

hakim

судија

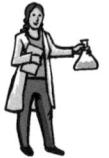

ahli kimia

хемичар

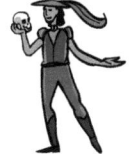

aktor

глумац

sopir bis

возач аутобуса

sopir taksi

возач таксија

nelayan

рибар

pembantu

чистачица

tukang atap

кровопокривач

pelayan

конобар

pemburu

ловац

pelukis

сликар

tukang roti

пекар

tukang listrik

електричар

pembangun

грађевински радник

insinyur

инжењер

tukang daging

месар

tukang ledeng

лимар

tukang pos

поштар

pekerjaan - занимања

tentara

војник

arsitek

архитекта

kasir

благајник

penjual bunga

цвећар

penata rambut

фризер

konduktor

кондуктер

montir

механичар

kapten

капетан

dokter gigi

зубар

ilmuwan

научник

rabbi

раби

imam

имам

biarawan

монах

pendeta

свећеник

alat

алати

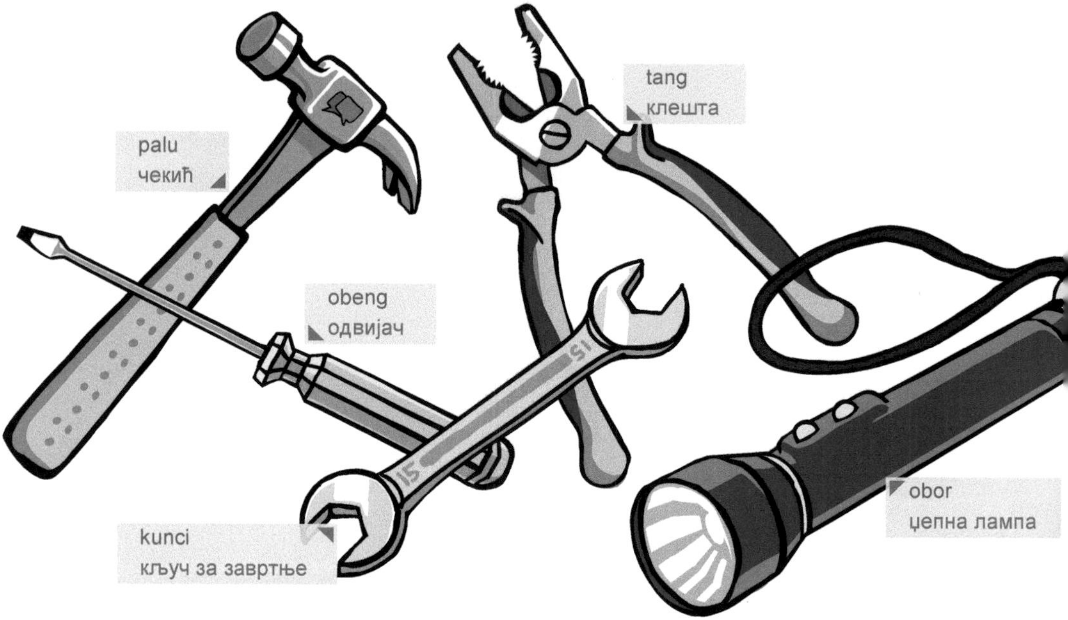
palu
чекић
tang
клешта
obeng
одвијач
obor
џепна лампа
kunci
кључ за завртње

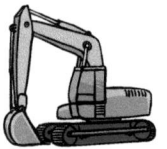

penggali

багер

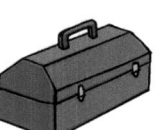

tas perkakas

кутија за алат

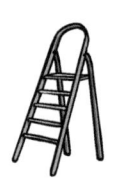

tangga

мердевине

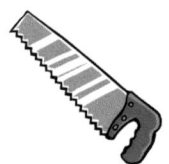

gergaji

пила

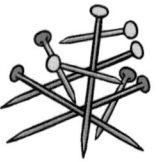

paku

ексер

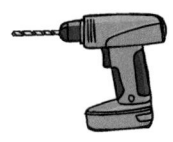

bor

бушилица

perbaikan
поправити

sekop
лопата

Sialan!
до ђавола!

cikrak
лопатица

pot cat
лонац за боју

sekrup
завртањи

alat musik
музички инструмент

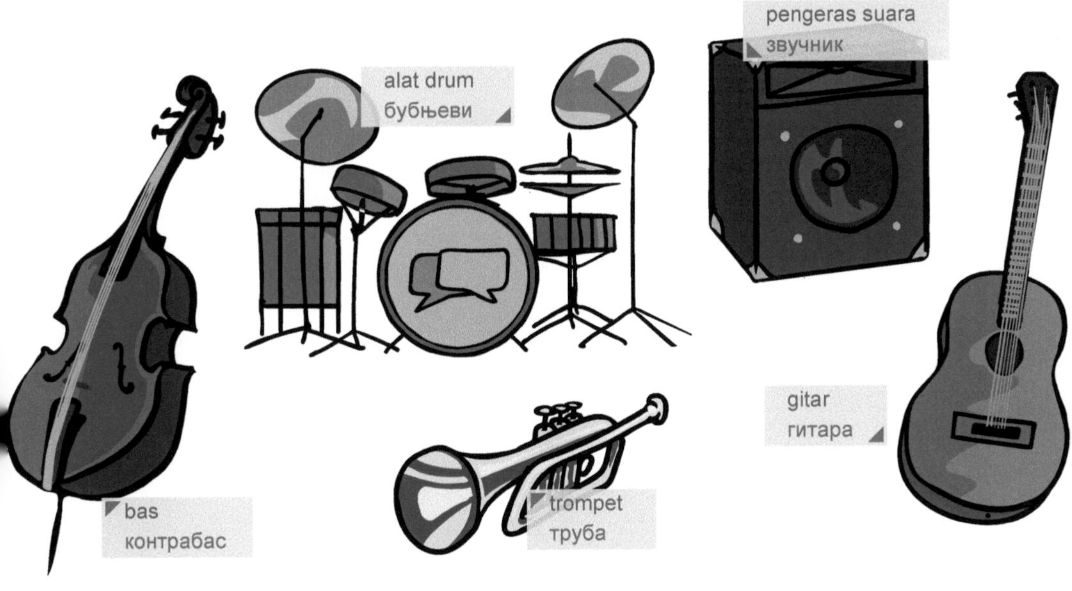

alat drum
бубњеви

pengeras suara
звучник

bas
контрабас

trompet
труба

gitar
гитара

piano

клавир

violin

виолина

bass

бас

tambur

тимпани

drum

удараљке за бубњеве

keyboard

типке клавира

saksofon

саксофон

suling

флаута

mikrofon

микрофон

kebun binatang

зоолошки врт

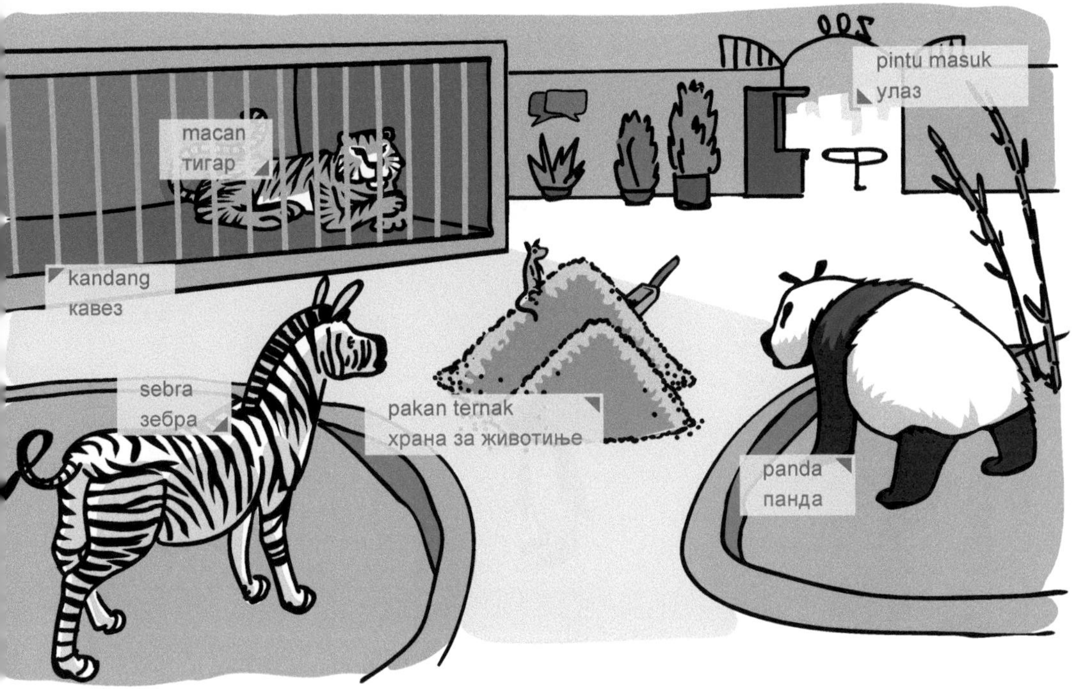
macan
тигар
pintu masuk
улаз
kandang
кавез
sebra
зебра
pakan ternak
храна за животиње
panda
панда

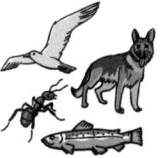

hewan

животиње

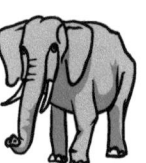

gajah

слон

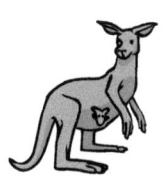

kanguru

кенгур

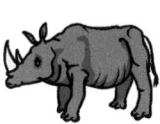

badak

носорог

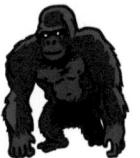

gorila

горила

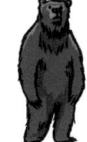

beruang

медвед

unta

камила

burung unta

ној

singa

лав

monyet

мајмун

flamingo

фламинго

burung beo

папагај

beruang polar

поларни медвед

penguin

пингвин

hiu

ајкула

merak

паун

ular

змија

buaya

крокодил

penjaga kebun binatang

чувар у зоолошком врту

segel

туљан

jaguar

јагуар

kuda poni

пони

macan tutul

леопард

kuda nil

нилски коњ

jerapah

жирафа

burung elang

орао

babi jantan

дивља свиња

ikan

риба

kura-kura

корњача

anjing laut

морж

rubah

лисица

kijang

газела

american football
амерички ногомет

naik sepeda
бициклизам

tennis
тенис

basketbal
кошарка

bernang
пливање

tinju
бокс

hoki es
хокеј на леду

sepak bola
················
фудбал

badminton
················
бадминтон

atletik
················
атлетика

bola tangan
················
рукомет

main ski
················
скијање

polo
················
поло

meloncat
скочити

memeluk
загрлити

ketawa
смејати се

berjalan
ићи

menyanyi
певати

mengimpi
сањати

berdoa
молити се

mencium
пољубити

menulis

писати

melukis

цртати

menunjuk

показати

mendorong

гурати

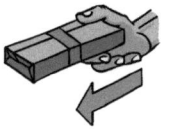

memberikan

дати

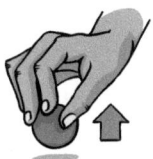

mengambil

узети

mempunyai

имати

melakukan

чинити

adalah

бити

berdiri

стојати

berlari

трчати

menarik

повлачити

melempar

бацити

jatuh

падати

tidur

лежати

menunggu

чекати

membawa

носити

duduk

седити

berpakaian

облачити

tidur

спавати

bangun

пробудити се

melihat

гледати

menangis

плакати

mengelus

миловати

menyisir

чешљати

berbicara

говорити

mengerti

разумети

menanyak

питати

mendengar

слушати

minum

пити

makan

јести

merapikan

поспремити

cinta

волети

memasak

кухати

menyetir

возити

terbang

летети

berlayar

пловити

menghitung

рачунати

membaca

читати

belajar

учити

bekerja

радити

menikah

венчати се

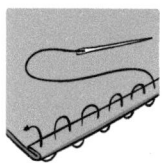

menjahit

шити

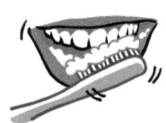

sikat gigi

прати зубе

membunuh

убити

merokok

пушити

kirim

послати

aktivitas - активности

keluarga
породица

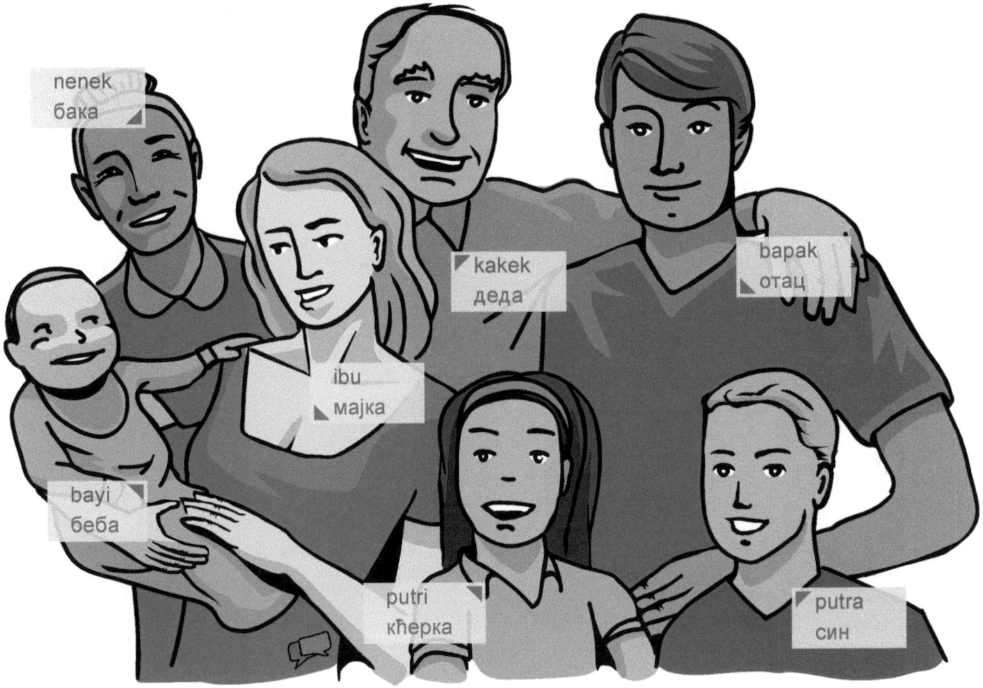
nenek
бака
kakek
деда
bapak
отац
ibu
мајка
bayi
беба
putri
ћерка
putra
син

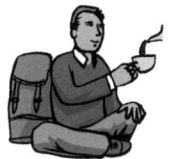

tamu
гост

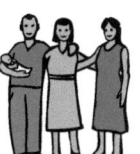

bibi
тетка

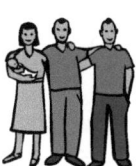

paman
ујак, стриц

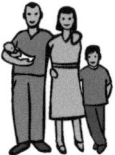

kakak laki
брат

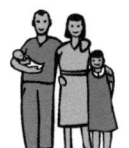

kakak perempuan
сестра

badan

тело

dahi
чело
mata
око
bahu
раме
jari
прст
muka
лице
dagu
брада
tangan
рука
kaki
нога
payudara
груди
lengan
рука

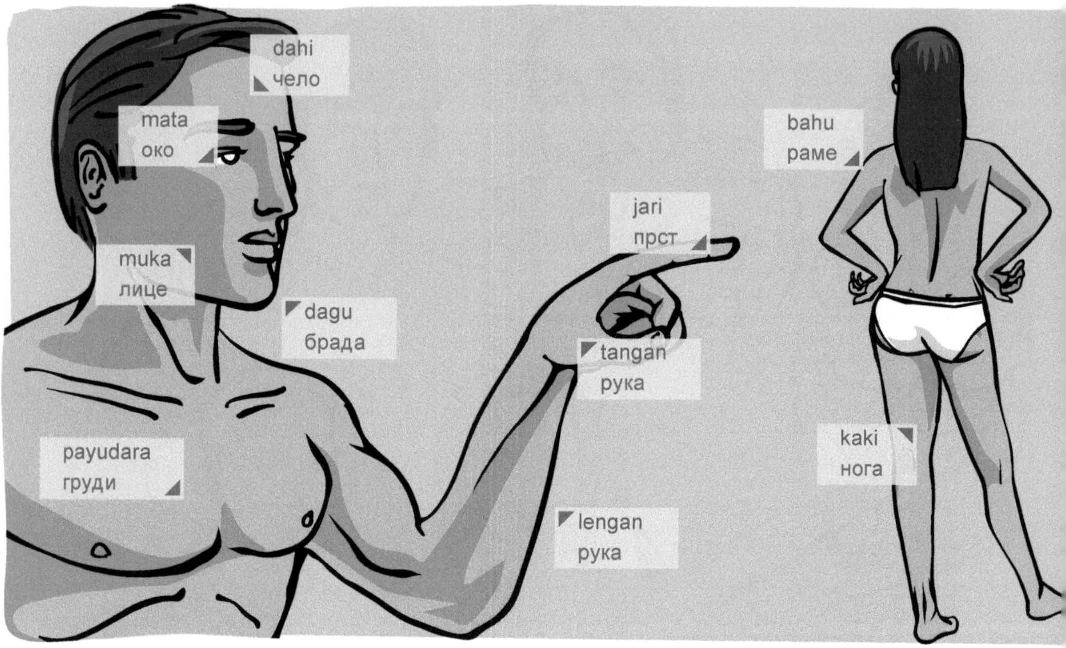

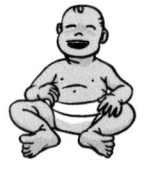

bayi

беба

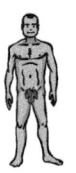

pria

мушкарац

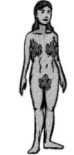

wanita

жена

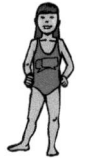

perempuan

девојчица

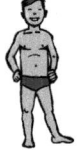

laki

дечак

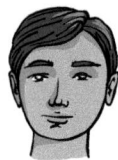

kepala

глава

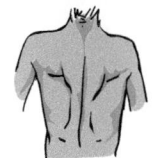

punggung

леђа

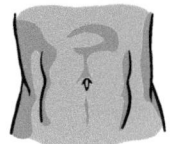

perut

стомак

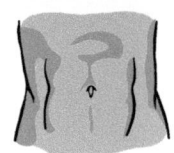

pusar

пупак

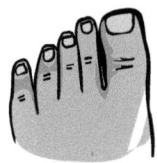

toe

ножни прст

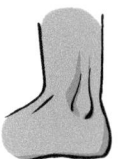

tumit

пета

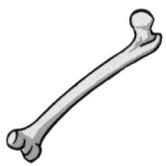

tulang

кост

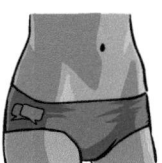

pinggang

кукови

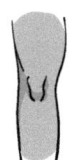

lutut

колено

siku

лакат

hidung

нос

pantat

задњица

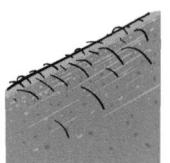

kulit

кожа

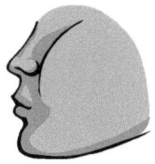

pipi

образ

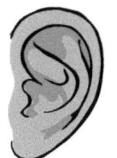

telinga

уво

bibir

усна

mulut
уста

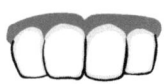

gigi
зуб

lidah
језик

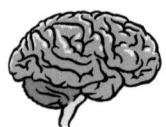

otak
мозак

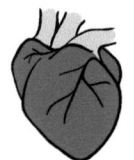

jantung
срце

otot
мишић

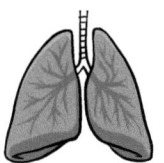

paru-paru
плућа

hati
јетра

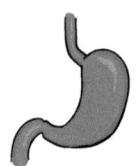

stomach
желудац

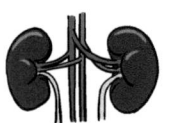

ginjal
бубрези

hubungan seks
полни однос

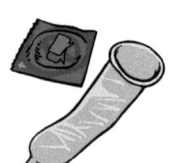

kondom
кондом

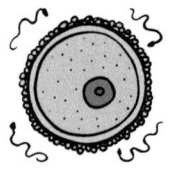

sel telur
јајна ћелија

sperma
сперма

kehamilan
трудноћа

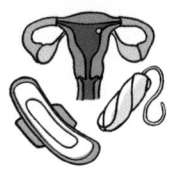

menstruasi

менструација

vagina

вагина

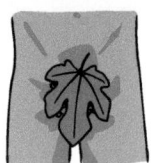

penis

пенис

alis

обрва

rambut

коса

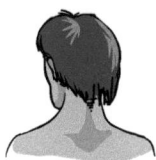

leher

врат

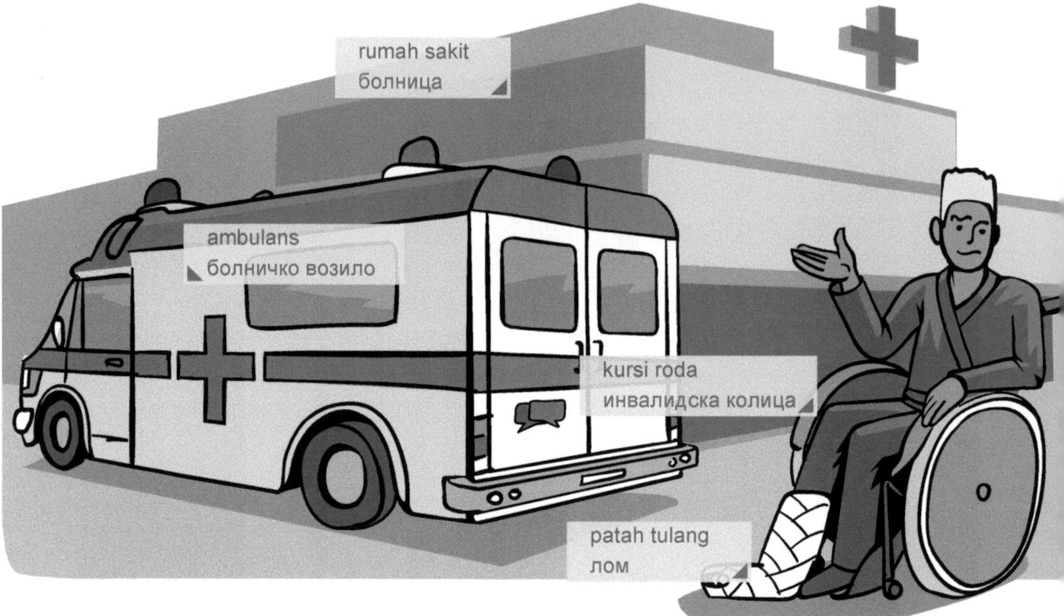

rumah sakit
болница

ambulans
болничко возило

kursi roda
инвалидска колица

patah tulang
лом

dokter

лекар

ruang darurat

хитна медицинска служба

perawat

медицинска сестра

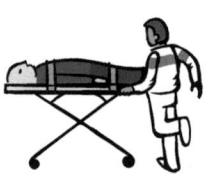

darurat

хитни случај

semaput

несвест

sakit

бол

cedera

повреда

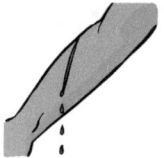

perdarahan

крварење

serangan jantung

срчани удар

stroke

удар

alergi

алергија

batuk

кашаљ

demam

грозница

flu

грипа

diare

пролив

sakit kepala

главобоља

kanker

рак

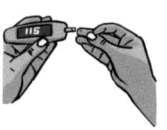

diabetes

дијабетес

ahli bedah

хирург

pisau bedah

скалпел

operasi

операција

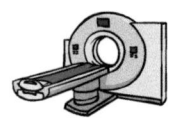

CT

цт

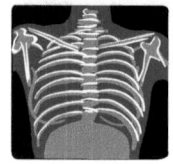

sinar x

рентген

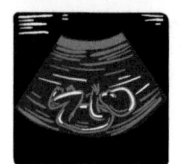

usg

ултразвук

topeng

маска

penyakit

болест

ruang tunggu

чекаона

penyokong

штака

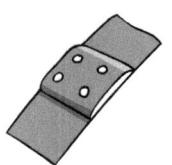

plester

фластер

perban

завој

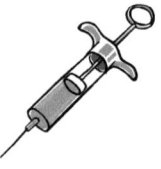

injeksi

ињекција

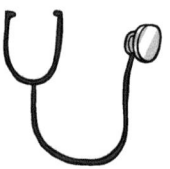

stetoskop

стетоскоп

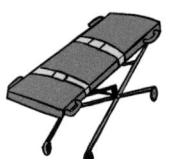

usungan

носила

termometer klinis

термометар

kelahiran

рођење

kelebihan berat badan

прекомерна тежина

alat pendengar

слушни апарат

desinfektan

средство за дезинфекцију

infeksi

инфекција

virus

вирус

HIV / AIDS

хив / аидс

obat

медицина

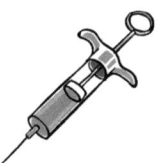

vaksinasi

вакцинација

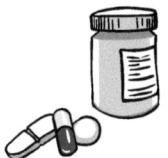

tablet

таблете

pil

пилула

panggilan darurat

хитни позив

ukur tekanan darah

уређај за мерење притиска

sakit / sehat

болесно / здраво

rumah sakit - болница

Tolong!

помоћ!

alarm

аларм

penyerbuan

насртај

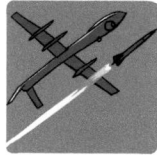

serangan

напад

bahaya

опасност

pintu darurat

излаз у случају нужде

Api!

пожар!

alat pemadam kebakaran

противпожарни апарат

kecelakaan

незгода

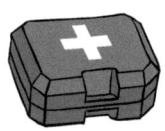

kit pertolongan pertama

кутија прве помоћи

SOS

сос

polisi

полиција

Eropa

Европа

Amerika Utara

Северна Америка

Amerika Selatan

Јужна Америка

Afrika

Африка

Asia

Азија

Australi

Аустралија

Atlantik

Атлантик

Pasifik

Пацифик

Samudra India

Индијски океан

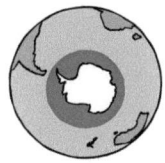

Samudra Antartika

Антарктички океан

Samudra Arktik

Арктички океан

kutub utara

Северни рол

kutub selatan

Јужни рол

Antarktika

Антарктик

bumi

земља

tanah

земља

laut

море

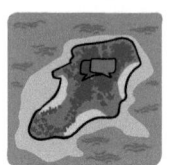

pulau

оток

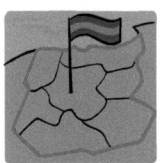

bangsa

нација

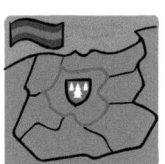

negara

држава

jam wajah

бројчаник сата

jarum pendek

сатна казаљка

jarum menit

минутна казаљка

jarum detik

секундна казаљка

Jam berapa?

Колико је сати?

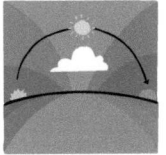

hari

дан

waktu

време

sekarang

сада

jam digital

дигитални сат

menit

минута

jam

час

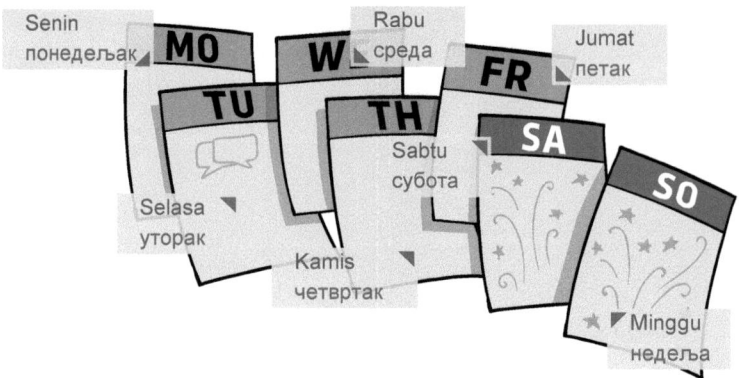

Senin понедељак — MO
Rabu среда — W
Jumat петак — FR
Selasa уторак — TU
Kamis четвртак — TH
Sabtu субота — SA
Minggu недеља — SO

kemaren

јуче

hari ini

данас

besok

сутра

pagi

јутро

siang

подне

malam

вече

MO	TU	WE	TH	FR	SA	SU
1	2	3	4	5	6	7
8	9	10	11	12	13	14
15	16	17	18	19	20	21
22	23	24	25	26	27	28
29	30	31	1	2	3	4

hari kerja

радни дани

MO	TU	WE	TH	FR	SA	SU
1	2	3	4	5	6	7
8	9	10	11	12	13	14
15	16	17	18	19	20	21
22	23	24	25	26	27	28
29	30	31	1	2	3	4

akhir minggu

викенд

tahun

година

hujan
киша
pelangi
дуга
angin
ветар
salju
снег
musim semi
пролеће
musim panas
лето
musim gugur
јесен
musim dingin
зима

4.APRIL 11°
5.APRIL 4°
6.APRIL 13°
7.APRIL 8°
8.APRIL 10°

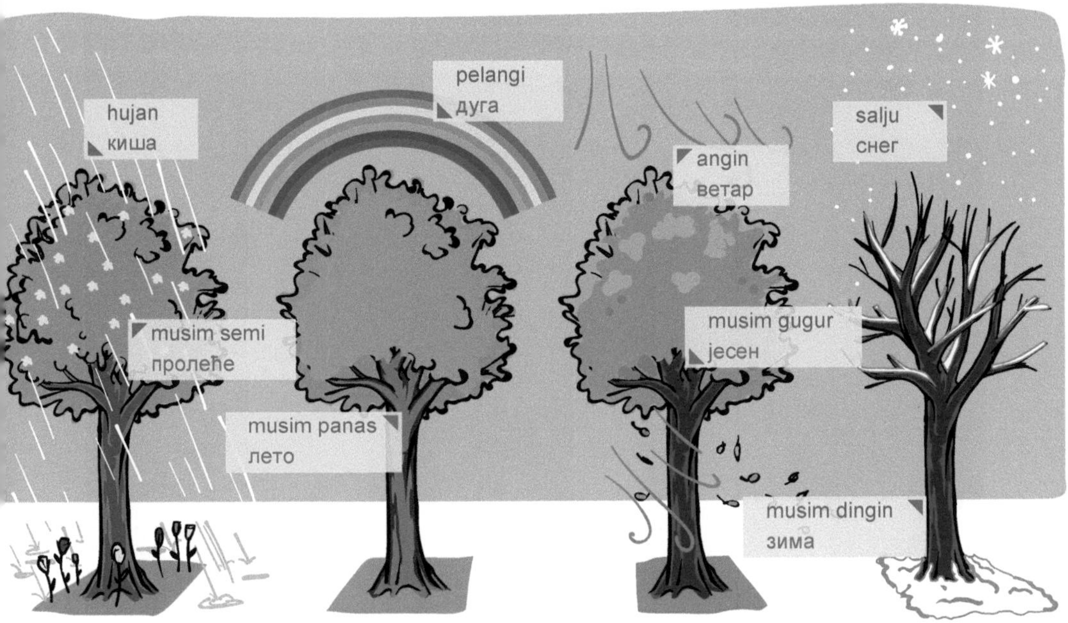

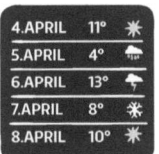

ramalan cuaca

метеоролошка прогноза

F
C
120
90
60
30
0
-30
40
30
20
10
0
-10
-20

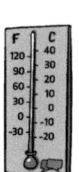

termometer

термометар

matahari

сунчана светлост

awan

облак

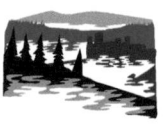

kabut

магла

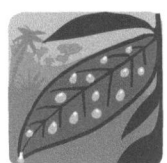

kelembahan

влажност ваздуха

kilat

муња

guntur

грмљавина

badai

олуја

hujan es

туча

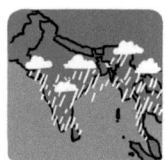

monsun

монсун

banjir

поплава

es

лед

Januari

јануар

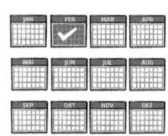

Februari

фебруар

Maret

март

April

април

Mei

мај

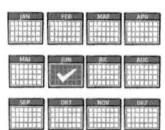

Juni

јуни

Juli

јули

Agustus

август

September
....
септембар

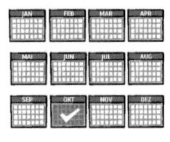

Oktober
....
октобар

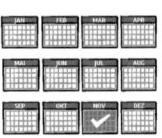

November
....
новембар

Desember
....
децембар

bentuk
облици

lingkaran
....
круг

persegi
....
квадрат

persegi panjang
....
правоугао

segi tiga
....
троугао

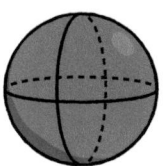

bola
....
кугла

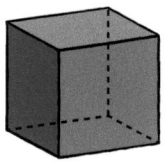

kubus
....
коцка

putih

бела

kuning

жута

oranye

наранџаста

pink

ружичаста

merah

црвена

ungu

љубичаста

biru

плава

hijau

зелена

coklat

смеђа

abu-abu

сива

hitam

црна

banyak / sedikit

много / мало

marah / tenang

љутито / мирно

cantik / jelek

лепо / ружно

mulaih / selesai

почетак / крај

besar / kecil

велико / малено

terang / gelap

светло / тамно

saudara laki-laki / saudara perempuan

брат / сестра

bersih / kotor

чисто / прљаво

lengkap / tidak lengkap

потпуно / непотпуно

hari / malam

дан / ноћ

mati / hidup

мртво / живо

luas / sempit

широко / уско

dapat dimakan / tidak dapat dimakan

јестиво / нејестиво

jahat / baik

зло / добро

bersemangat / bosan

узбуђено / досадно

gemuk / kurus

дебело / мршаво

pertama / terakhir

на почетку / на крају

teman / musuh

пријатељ / непријатељ

penuh / kosong

пуно / празно

keras / lembut

тврдо / мекано

berat / enteng

тешко / лагано

lapar / haus

глад / жеђ

sakit / sehat

болесно / здраво

ilegal / legal

илегално / легално

cerdas / bodoh

паметно / глупо

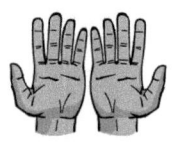

kiri / kanan

лево / десно

dekat / jauh

близу / далеко

baru / bekas

ново / половно

tidak ada apapun / sesuatu

ништа / нешто

tua / muda

старо / младо

nyala / mati

укључено / искључено

buka / tutup

отворено / затворено

tenang / keras

тихо / гласно

kaya / miskin

богато / сиромашно

benar / salah

тачно / погрешно

kasar / halus

храпаво / глатко

sedih / gembira

тужно / сретно

pendek / panjang

кратко / дуго

pelan-pelan / cepat

полако / брзо

basah / kering

мокро / сухо

hangat / sejuk

топло / хладно

perang / damai

рат / мир

berlawanan - супротности

0	**1**	**2**
nol	satu	dua
нула	један	два
3	**4**	**5**
tiga	empat	lima
три	четири	пет
6	**7**	**8**
enam	tujuh	delapan
шест	седам	осам
9	**10**	**11**
sembilan	sepuluh	sebelas
девет	десет	једанаест

12

duabelas

дванаест

13

tigabelas

тринаест

14

empatbelas

четрнаест

15

limabelas

петнаест

16

enambelas

шестнаест

17

tujuhbelas

седамнаест

18

delapanbelas

осамнаест

19

sembilanbelas

деветнаест

20

duapuluh

двадесет

100

seratus

стотину

1.000

seribu

хиљаду

1.000.000

juta

милион

Inggris

енглески

bahasa Inggris Amerika

амерички енглески

bahasa Cina Mandarin

мандарински кинески

bahasa Hindi

хиндски

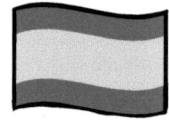

bahasa Spanyol

шпански

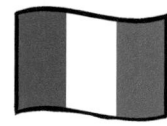

bahasa Perancis

француски

bahasa Arab

арапски

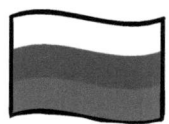

bahasa Rusia

руски

bahasa Portugis

португалски

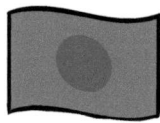

bahasa Bengal

бенгалски

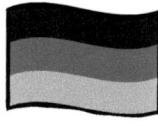

bahasa Jerman

немачки

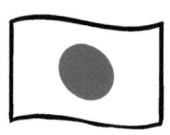

bahasa Jepang

јапански

saya

ja

kamu

ти

dia

он / она / оно

kita

ми

kalian

ви

mereka

они

siapa?

Ко?

apa?

Шта?

begaimana?

Како?

dimana?

Где?

kapan?

Када?

nama

име

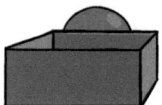

dibelakang

иза

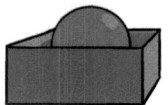

di

у

didepan

испред

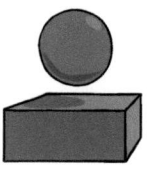

diatas

преко

diatas

на

dibawah

испод

sebelah

поред

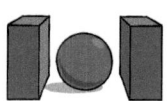

di antara

између

tempat

место